結菜

小学4年生。明るくて、かわいいものが大好きだけど、おかたづけは苦手。本当は、「キレイな部屋にしたい」と思っている。

メル

結菜の部屋にあった、ぬいぐるみクッション。しゃべれるようになってからは、キレイな部屋をめざす結菜を応援してくれている。

ミル

女子力アップ おかたづけレッスン帳

名前

もくじ

- スペシャルマンガ❶ ……… 2
- キャラ紹介 ……… 6

レッスン1
スッキリ机まわりに

- めざせ！ 理想の机まわり ……… 14
- ❶ まずは自分のことを知ろう！ ……… 16
- ❷ 持っているものをチェック！ ……… 18
- ❸ いるものを確認しよう！ ……… 20
- ❹ ものの位置を見直そう！ ……… 26
- ❺ 収納しよう！① 引き出しの中 ……… 28
- ❻ 収納しよう！② 机の横・下 ……… 34
- ❼ 収納しよう！③ 机の上 ……… 38
- ❽ おかたづけメンテナンスを心がけよう！ ……… 42
- おさらい! 机まわりをキレイにする おかたづけレッスン ……… 50

- ★ 迷ったら…いるもの⁉ いらないもの⁉ 判断チャート ……… 22
- ★ 5つのモチベアップ術でおかたづけのやる気アップ↑ ……… 32
- ★ 運気と女子力アップ！ ちょこっと風水 ……… 36
- ★ ステキなお部屋計画書 ……… 40
- ★ いる？ いらない？ とっておくものの見直し方講座 ……… 44

レッスン2
キラキラ★クローゼット&洋服ダンスに

めざせ！ 理想のクローゼット&洋服ダンス	52
❶ モチベーションを高めよう！	54
❷ 自分のファッションアイテムをチェック！	56
❸ いらない服を減らそう！	62
❹ シーズン&シーンで服を分類！	66
❺ たたむ？ つるす？ 服に合ったしまい方を確認！	70
❻ 図解！ 上手な服のたたみ方	72
❼ 使いやすい収納ワザ！	76
❽ オフシーズンのアイテムのしまい方	84
❾ バッグ・帽子のしまい方	88
おさらい！ クローゼット&洋服ダンスをキレイにするおかたづけレッスン	90

🍀 ファッションアイテム図鑑	58
🍀 持っているアイテムをCHECK！ ワードローブ表	64
🍀 お気に入りの服を大切に着よう！	68
🍀 アイロンがけにチャレンジ	78
🍀 自分で洗ってみよう！ おしゃれ着&ニット	86

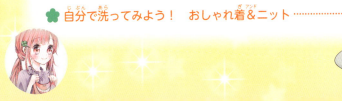

レッスン3
ステキなスクールライフに

めざせ！　ステキ女子のスクールライフ……………………… 92
① 学校グッズにも指定席を！…………………………………… 94
② 帰ったらすぐやる！　で、わすれもの知らずに …………… 96
③ 持ちものの準備は前日のうちに！…………………………… 98
④ 着ていく服は、前日にそろえちゃおう！ ………………… 102
⑤ もう迷わない、次の日のスクールコーデ♥ ……………… 104
⑥ ピカピカグッズでステキなスクールライフ……………… 112
おさらい！ ステキなスクールライフを送るためのおかたづけレッスン… 124

♥ 準備バッチリ★　チェックリスト ………………………… 108
♥ スクールライフがもっと楽しくなる！　簡単ヘアアレンジ★… 110
♥ ハンドメイド小物でうきうきスクールライフ♪ ………… 120
♥ さりげなく仲良しアピールできる　ペアアイテム ……… 122

レッスン4
あこがれのお部屋に

1. ワンランクアップのお部屋コーデ……………… 126
2. 部屋のカベ使いでイメチェンしよう…………… 128
3. 収納小物をリメイク＆ハンドメイド…………… 134
4. 気分はプリンセス♥　あこがれの天がいつきベッド……… 140
5. お店みたい！　おしゃれな見せる収納………… 142
- おさらい！ あこがれのお部屋に近づくおかたづけレッスン…………… 151

- ❀ お部屋コーデの基本　カラーマジックって!?………… 138
- ❀ 自分の部屋は自分でそうじしたい!!……………… 144
- ❀ 家族みんながうれしい♥　共有部分のそうじにトライ!!…… 146
- ❀ おうちがピカピカ　そうじチェックリスト…………… 150

プチ・ブレイクタイム　まちがいさがし

- 🌸 スッキリおかたづけスタート♪ ……… 24
- 🌸 キレイな机は勉強もはかどる！ ……… 48
- 🌸 おうちでファッションショー♪ ……… 60
- 🌸 スイスイ♪　アイロンがけ ……… 80
- 🌸 準備バッチリでゆとりのある女子に♪ …… 100
- 🌸 明日持っていくものを確かめよう！ ……… 118
- 🌸 ステキなお部屋でティータイム♥ ……… 132

プチ・ブレイクタイム　えさがし

- 🌸 お気にのアイテムがたくさん！ ……… 46
- 🌸 おしゃれ着もスッキリ収納！ ……… 82
- 🌸 かわいいヘアで学校に行くよ！ ……… 116
- 🌸 おそうじすると気分もスッキリ★ ……… 148

スペシャルマンガ❷ ……… 153
プチ・ブレイクタイム こたえ ……… 158

スッキリ机まわりに

机まわりがキレイになると、毎日が楽しくなっちゃう……!?
ゴチャゴチャした机から卒業しよう！

ものが取り出しやすい
収納法を紹介♪

いるもの・
いらないもの、
どう分ける？

キレイを
キープする
方法って？

めざせ！理想の机まわり

こんな机だったら勉強もはかどりそう！

✨キレイポイント❶

机の上には基本的に、ものを置かないようにしよう。勉強や作業がはかどるよ。

💧ダメダメポイント

机の上にものがたくさん！これじゃあ、宿題をする気にもならないよね。

✨キレイポイント❷

机の下は足が入るようにスッキリさせて。図鑑などはブックスタンドで立てておこう。

💧ダメダメポイント

ものをつめこんだ箱を足元に置くと足が入らないよ。

キレイポイント ③

教科書などは指定席を決めて。「使ったら元にもどす」でキレイをキープ。

ダメダメポイント

明日の用意をするときに教科書が迷子……。

レッスン ①　スッキリ机まわりに

キレイポイント ④

引き出しの中は、仕切りやケースを使ってスッキリ整理！

ダメダメポイント

引き出しの中がグチャグチャ。何がどこにあるかわからない〜。

キレイポイント ⑤

深い引き出しはファイルボックスを使って縦に収納。必要なときにさっと取り出せるよ。

ダメダメポイント

バラバラにつみ重ねられたプリント。つめこみすぎで、引き出しが開かなくなることも……。

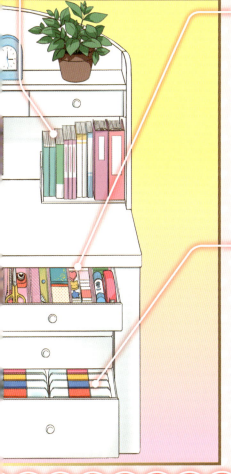

まずは自分のことを知ろう！

机まわりのかたづけにとりかかる前に、まず自分のことを知ろう！ 自分のタイプを知ることで、ぴったりのかたづけ方がわかるよ！

質問を読んで、当てはまる矢印のほうに進んでね。

はい ⟶　　いいえ ┄┄┄>

スタート

- 何かにコツコツ取り組むのが好き
- よくものがなくなる
- ものの置き場所は決めてある
- 勉強用の文房具はかわいいものよりシンプルなものが好き
- 使っていない（使いかけの）ペンや消しゴムがたくさんある
- 宿題は自分の机でする
- 机で勉強していても集中できないことがよくある

自分の机で勉強することがほとんどない

タダでもらえるものなら、とりあえずなんでももらっちゃう

わすれものが多い

ずっと続けている習いごとや趣味がある

文房具や持ちものにはこだわるほうだ

自分の部屋より、リビングなど他の部屋で過ごすほうが落ち着く

ちょっぴりズボラなあなた

まずはものを減らすことから始めてみよう。

21ページをCHECK！

コツコツまじめなあなた

いつでもキレイな机をキープしよう！

42ページをCHECK！

こだわりが強いあなた

使いやすくて、勉強したくなる机にしよう！

28〜31ページをCHECK！

集中力のあるあなた

友だちを家によぶ日を決めて集中してかたづけよう。

32ページをCHECK！

レッスン①　スッキリ机まわりに

② 持っているものをチェック！

自分の机まわりにある持ちものを確かめよう。引き出しの中身も全部出してね。
きっと、思っていた以上にたくさんのものがあるよ。

いっぺんに
かたづけられないときは、
「文房具」「教科書類」など、
アイテムを決めて
集めてみてね

CHECK!

ゆかの上に
レジャーシートをしいて、
机まわりにあるものを
すべて集めてならべよう

CHECK!

アイテムごとに分けよう！

出したものはアイテムごとに分類しよう。自分がどんなものをどれくらい持っているのかを知ることから、かたづけは始まるよ。

レッスン❶ スッキリ机まわりに

文房具

えんぴつ　えんぴつけずり
シャーペン　はさみ
消しゴム　カッターナイフ
ペン　筆箱
定規　のり　など

同じものどうしでまとめてね

勉強道具

学校の教科書　ドリル
塾や通信教材のテキスト
参考書　問題集　ノート　など

学校のものとそれ以外のものに分けよう

プリント

テスト
学習プリント
お知らせ　など

学校の道具

ランドセル
絵の具セット
習字道具　など

遊びや趣味のもの

ゲーム
音楽プレーヤー
シール　メモ帳
もらった手紙
宝物　など

その他

習いごとの道具
時計
本　など

いるものを確認しよう！

かたづけられない理由のひとつは、持っているものが多すぎること。
「いるもの」だけを残して、ものの量を減らすと、かたづけがグンとラクに！

「いるもの」以外のものを
まとめよう
CHECK!

持ちものの中で
「いる」と思う
ものを選ぼう
CHECK!

「いるもの」以外のもののかたづけ方

「いらないもの」を手放すにはどんな方法があるかな？
具体的にチェック！

レッスン① スッキリ机まわりに

机まわりで使わないもの

おうちの人から借りたものや、おやつのときのお皿やコップがそのままになっていない？　借りた人に返したり、本来の場所にもどしたりしよう。

ゴミ・いらないもの

迷わず捨てよう！　地域のゴミの分別ルールにしたがってね。

まだキレイなもの・使えるもの

おうちの人や友だちに欲しいかどうか聞いてみよう。自分は使わなくても、他の人が使いたい、ということもあるよ。また、フリーマーケットで売ったり、リサイクルしたりできる場合もあるよ。おうちの人に相談してみよう。

本・マンガ・ゲーム

古本屋さんに売ったり、リサイクルしたりできる場合があるよ。おうちの人に相談してみよう。本は、地域の図書館で引き取ってくれるところもあるから、調べてみよう。

名前や住所などの個人情報がのっているものは、細かく切ったり、シュレッダーにかけたりしてから捨てよう。

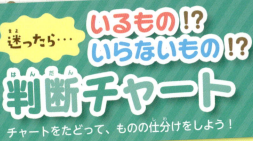

迷ったら… いるもの!? いらないもの!? 判断チャート

チャートをたどって、ものの仕分けをしよう！

- 使っている
- 使っていない
  - これから使うかもしれない
  - 使わないけれど捨てにくい
    - 使わないけれど大切なもの
    - 人からもらった
    - なんとなくもったいない
  - 使えない、こわれている
  - これからも使わないしいらない
  - 机まわりで使わない → **移動** 本来の場所へもどそう！

「机まわりでいるもの」だけにしぼるよ！

レッスン① スッキリ机まわりに

いるもの！

「よく使うもの」
「ときどき使うもの」
「たまに使うもの」に
分けて収納するよ。
（26ページ以降を見てね！）

- 使う予定がある
- 使う予定がない
- 1年以内に使った
- 1年以上使っていない

宝物ボックスへ

- 使わないけれど気に入っている
- 気に入っていない
- あることを覚えていた
- あることをわすれていた

考え中ボックスへ

どうしても迷うときは「考え中ボックス」に入れて、時間をおいてからまた考えよう！（44ページを見てね）

机まわりでいらないもの！

「いらないもの」は手放そう。
（手放し方は21ページを見てね！）

スッキリおかたづけスタート♪

まちがいは **7つ**

左と右の絵では、ちがうところが7つあるよ。
全部見つけられるかな？

④ ものの位置を見直そう！

机まわりは、使いやすいことがいちばん。ものが取り出しやすく、しまいやすい位置にあれば、自然にキレイな状態がキープできるよ。

散らかりがちなのは
ものの位置が
よくないから
かも……

CHECK!

勉強の道具と趣味のものが
まざってない？

CHECK!

「よく使うもの」は
利き手側にあると
取りやすいよ

CHECK!

ものの指定席を決めるためのルール！

ルール1 「よく使うもの」を手前に

よく使うものは手前、あまり使わないものは奥にしまうのが基本。
よく使うものを奥に入れてしまうと、使ったあと元にもどしづらいから、
いつの間にか、机の上に置きっぱなしになりがち……。

ルール2 利き手を意識する

よく使うものは利き手側に置くと、取り出すときにスムーズ。
教科書や辞書など、重いものでも、利き手だと持ちやすいね。

ルール3 勉強道具と趣味のものは分ける

勉強道具と遊びのグッズがまざっていると、気が散りがち。分けて収納しよう。
特に、机の上には遊びグッズは置かないようにしよう。

レッスン① スッキリ机まわりに

机まわりのポイントをチェック

机の上
勉強や作業用のスペース。広く空けておこう。

引き出し
文房具や雑貨など、細々したものを分類してしまうのにぴったり！
上の段にはよく使うものをしまおう。

机の横
お出かけのときに持っていくものを置いておくと、さっと取り出せて便利。

5 収納しよう！① 引き出しの中

「よく使うもの」を手前にしまうことを意識して収納していこう。
引き出しを開けたときに一目で何がどこにあるかわかるようにしてね。

Ⓐ いちばん上の引き出し

いちばん上の引き出しには、よく使う文房具をしまおう。ものがゴチャゴチャにならないよう、仕切りを活用してね。（仕切りについては31ページもチェック！）

←とてもよく使うもの　　たまに使うもの→

ものの上にものを重ねないようにしよう

CHECK!

勉強の道具をしまう場所

CHECK!

ストック類は、すわったときに体から遠い位置の、奥へ入れよう

しまうもののサイズに合わせて仕切って使おう

CHECK!

ポイント！
ペン立てには、ついつい関係のないものもつっこみがち。えんぴつやペン類はペン立てに立てず、引き出しにしまうのがおすすめ。

※ 左利きの人は、引き出しを設置する位置、引き出しの中身の配置がすべて逆になるよ！利き手を意識して収納してね。

勉強の道具を
しまう場所

Ⓑ 浅い引き出し

浅い引き出しは、ふだんは空っぽにしておき、宿題など、「やりかけ」の勉強道具を入れる場所にするのがおすすめ。宿題のしわすれもふせげるね。

レッスン❶　スッキリ机まわりに

Ⓒ 中段の引き出し❶

雑貨やレターセットなど、「ときどき使う」趣味の小物をしまおう。空き箱などを利用して、種類ごとにまとめてね。

CHECK!

勉強の道具
以外のものを
しまう場所

しまう場所を決めたら、
必ずそこへもどす

勉強の道具
以外のものを
しまう場所

Ⓓ 中段の引き出し❷

財布や携帯、音楽プレーヤー、ゲーム類などをしまおう。

CHECK!

音楽プレーヤーとイヤホンなど、
同じタイミングで使うものは
近くにしまうと便利

「勉強の道具」と「勉強の道具以外のもの」をしまう引き出しを分けると、気持ちの切りかえができていいね！

E 深い引き出し

深い引き出しには、たまにしか使わないものをしまうよ。ものを寝かせず、立てて収納するのが深い引き出しを上手に使うコツ。ファイルボックスや仕切りを活やくさせよう。

深い引き出しでは、ものを積み重ねるのはやめよう。

NG!
見づらいし、取り出すのが大変！

CHECK! 袋や箱に入れる場合は、中身がわかるようにラベルをつけておくといいね

★教科書やノートも毎日使わないものは引き出しの中へ

CHECK! たまにしか使わないものの中でも、さらに使う順にならべ、より使うものを手前にしよう

CHECK! ファイルボックスをうまく使おう！

★29ページのBの浅い引き出しがない場合は、やりかけの宿題をここにしまっておこう。もうひとつファイルボックスを手前に置いて、「すぐやるボックス」としてやりかけの勉強道具を入れておくといいよ。

ポイント！ 保管するプリント類はクリアフォルダーやバインダーに分類して入れてから、ファイルボックスにしまおう。

「仕切り」でものに指定席を！

引き出しの中をキレイにせいとんするための強い味方、仕切り。100円ショップなどで買えるほか、空き箱を利用したり、自分で作ったりすることもできるよ。

レッスン① スッキリ机まわりに

仕切り板

100円ショップなどで手に入るよ。しまうものの大きさに合わせてサイズを調節して使おう。

引き出し用のトレイ

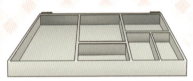

いろいろなサイズのものが売っているから、あらかじめメジャーや定規などで引き出しのサイズをはかってから、お店に行こう。

空き箱・プラスチックケース

ふたをしないで使おう。牛乳パックの底を切り取ると、じょうぶな小物入れになるよ。

引き出しの高さに合わせてね。

フェルト

仕切るものがない場合、いろいろな色のフェルトをしいて、ものの置き場所を決めてもいいね。

えんぴつのように転がるもの以外ならこの方法でOK！

5つのモチベアップ術で

おかたづけのやる気アップ

部屋をキレイにしたいけど、やる気が出ない……。
そんなあなたに、おかたづけが楽しくなる方法を教えちゃうよ♪

その1
タイマーをかけて やる気アップ！

何時間もかけてかたづけをするのは、大変そうだし、考えるだけでつかれちゃうよね。まずは10分、20分など、短い時間から始めてみよう。タイマーをセットして、時間内に終わらせることを目標にチャレンジすると、ゲーム感覚で楽しくかたづけができるよ。

時間を決めて、おかたづけ！

その2
音楽をかけて やる気アップ！

好きな音楽を聞きながらかたづけをすると、作業がはかどるよ。アップテンポな曲を流せば、リズムにのってどんどんかたづけられるかも!?「この曲が終わるまでに、机の上をキレイにする！」など、音楽をタイマーがわりに使っても楽しいね♪

その3
友だちの部屋を見てやる気アップ！

あなたには、かたづけが得意な友だちはいるかな？　友だちの部屋を見せてもらっちゃおう。ステキな部屋を見れば、インテリアやレイアウトの参考にもなるし、目標ができてやる気もアップするよ！

ふーんこんなふうにしてるのかぁ

レッスン①　スッキリ机まわりに

その4
友だちを招待してやる気アップ！

あえて、友だちを自分のおうちに招待しよう。「友だちに散らかった部屋は見せたくない！　かたづけなきゃ！」という気持ちが、やる気アップにつながるはずだよ。「キレイなお部屋だね」と友だちに言ってもらえるような部屋にしよう♪

その5
自分へのごほうびを用意してやる気アップ！

「かたづけが終わったら、おやつを食べる」「かたづけが終わったら、好きなテレビ番組を見る」など、かたづけが終わったあとの自分へのごほうびを用意しておこう。好きなもの、好きなことが待っていると思うと、早くかたづけがしたくなっちゃうよね！

終わったら……

収納しよう！② 机の横・下

机の横は、お出かけのときや帰ってきたときに、ものをさっと出し入れするのにぴったりの場所。指定席を決めれば、さがす手間もなくなるよ。

CHECK! 学校や塾から持って帰った学習プリントなどを入れておくカゴがあると便利

CHECK! ランドセルは、腰ぐらいの高さの位置が出し入れしやすいよ

CHECK! 収納ボックスやたなは、机に対して利き手側にあると使いやすいよ

CHECK! 絵の具セット、習字道具なども指定席を決めよう

CHECK! フックには毎日使うバッグや、パスケースなどをぶらさげよう。これも利き手側だと取りやすい

🍑 机の下の空間を大活用！

机の下にはできれば何も置かず、スッキリと空けておきたいもの。でも、スペースが足りない場合はこんなふうに利用してもいいね。

レッスン❶ スッキリ机まわりに

フックや、収納用のワイヤーネットを取りつけると、イヤホンなどのコード類や、袋ものなどがかけられるよ

CHECK!

専用のラックに図鑑などを収納しよう

CHECK!

ふたつきの容器に「たまに使うもの」を入れよう。ふたがないと、ほこりが入りやすいよ

CHECK!

ポイント！
机の下の収納は、いすにすわったときにじゃまにならない程度にしよう。また、年に一度は必ず見直しをしようね。

机の下のスペースは出し入れしにくいから、「よく使うもの」はしまわないんだね！

運気と女子力アップ！
ちょこっと風水

どんな部屋にすれば、運気がアップするのかな？
今のあなたの部屋とくらべてみよう！

机
まどからはなして、カベに向かって置くと勉強運アップ！　まどの外の景色にまどわされずにすむから、集中力が高まるよ。

カーテン
植物にはいやし効果があると言われているよ。葉っぱやお花もようのアイテムで健康＆美容運アップ！

ラグマット
金運アップには、太陽のような明るい色がベスト！イエローやクリームなどの明るい色を選ぼう♪

ベッド
入口から対角の場所に置くと全体運がアップするよ！

クローゼット
着なくなった古い服を思い切って捨てると、恋愛運アップ！　いい出会いを引き寄せると言われているよ。

運気が下がる サゲポイント

こんな部屋はNG×

レッスン① スッキリ机まわりに

······ 机まわり ······

サゲポイント①
机の上にほこりが たまっている

ほこりがたまっていると、体にもよくないし、全体的に運気が下がっちゃうよ。机の上はこまめにふこう。

GOOD!

「勉強もはかどるよ!」

サゲポイント②
引き出しの中に使っていない ステショがたくさん……

いらないステショは、悪い気を作り出すよ。とっておきたいもの以外は、思い切って捨てよう。

GOOD!

「インクがないから捨てようっと」

······ ベッド ······

サゲポイント③
まくら元がものでゴチャゴチャ

GOOD!

まくら元には何も置かないのがいちばん。どうしても置いておきたい人は、いやしアイテムをひとつかふたつだけ置こう。

収納しよう！③ 机の上

机の上がゴチャゴチャしていると、パッと見たときに、部屋全体が散らかっているように見えちゃうよ。机の上はスッキリした状態をキープしよう。

CHECK!
照明は利き手の反対側にあると、影ができにくくて目にやさしいよ

CHECK!
毎日使う教科書やノートはまっすぐ立てて

CHECK!
たおれないように、ブックスタンドを使おう

ポイント！
机の上がかたづいていると
すぐ勉強に取りかかることができるし、
絵をかいたり、何か作業をしたりするときにも
気持ちよく始められるよ。

マイルールで、いつでもスッキリ！

ルール1 机の上に置いていいものを決めよう！

デスクライト、よく使う教科書、時計など、数をしぼろう。
それ以外のものは、引き出しや、たなに収納するとスッキリ。

ルール2 毎晩机の上をかたづけよう！

やりかけの作業があっても、1日の終わりには机の上のものをすべてかたづけよう。
次の日も、気持ちよく机が使えるよ。

ルール3 かざりはひかえ目に

かわいいグッズやかざりが多すぎると、気が散って勉強や作業に
集中しにくいことがあるよ。あると気分がアガる数点にしぼってね。

スッキリ&おしゃれに見せるコツ

机の上に出ている教科書やノートは、高さと色をそろえてならべると、スッキリして見えるよ。

テーマカラーを決めて、机の上に出ているものの色を統一すると、ぐっとおしゃれな雰囲気になるよ。

レッスン① スッキリ机まわりに

ステキなお部屋計画書

あなたは、自分の部屋をどんな部屋にしたい？
このページにかきこんで、計画書を作ってみよう♪

❤ どんな部屋にしたい？ ■に✓を入れてね！

- ☐ リラックスできる部屋
- ☐ 勉強がはかどる部屋
- ☐ おしゃれな部屋
- ☐ かわいい部屋
- ☐ かっこいい部屋
- ☐ 大人っぽい部屋
- ☐ 元気が出る部屋
- ☐ 友だちをよべる部屋

\他にもあるかな？ かいてみよう！/

- 💚
- 💚
- 💚

💙 部屋のどこからかたづける？

- ☐ 机の上
- ☐ 机の引き出しの中
- ☐ 机の下
- ☐ クローゼット・タンス

- 🧡
- 🧡

🌸 机まわりのものの指定席を決めよう！

机の上に何を置く？

-
-
-
-

> 机の上にはものを置きすぎないようにしようね！

💙 引き出しの中には何を入れる？

☐ 段目の引き出し

-
-
-
-

☐ 段目の引き出し

-
-
-
-

☐ 段目の引き出し

-
-
-
-

☐ 段目の引き出し

-
-
-
-

レッスン① スッキリ机まわりに

⑧ おかたづけメンテナンスを心がけよう！

キレイな状態をキープするために、定期的に机まわりをチェックしよう。
使いにくいな……と思うところは工夫してどんどん変えていこう。

たまったプリント類を整理しよう
CHECK!

机の上にものが置きっぱなしになってない？
CHECK!

使いにくくて、不満なところはない？
CHECK!

引き出しの中はつめこみすぎてない？
CHECK!

定期メンテでいつでもキレイ！

Step1 いつも
ものの置き場所を決め、使ったらもどす習慣をつけよう。これが守れたら、ものが迷子になることはないし、机まわりもキレイな状態をキープできるよね。

Step2 夜
1日の終わりには、机まわりにものが出しっぱなしになっていないか、チェック。机の上の消しゴムのかすなども集めて捨てておこう。

Step3 長期休みに本格メンテ
春休み、夏休みなどの長い休みのタイミングで、机まわり全体を見直そう。新学期を気分よくむかえられるよ。

レッスン❶ スッキリ机まわりに

本格メンテでバージョンアップ！

「いるもの」「いらないもの」チェック
文房具など、いつの間にかものが増えてしまっていないかな？　定期的にチェックして、「いるもの」だけをとっておくようにしよう。古い教科書やプリントも、必要のないものは処分しよう。

自分に合ったスタイルを見つけよう
ものの置き場所など、「使いにくいな」「元の場所にもどしにくいな」と感じたら、使いやすくなるように工夫して、変えてみよう。机やたなの位置も、今のままでいいか、考えてみるチャンスだよ。

とっておくもの見直し方講座

いる？ いらない？

とっておきたいものも、本当に必要かどうか、時々見直すことが大切。
見直し方のポイントを教えちゃうよ。

趣味のもの
- 手作りのマスコットやアクセサリー
- マンガや雑誌
- 集めていたグッズ

考え中ボックス
- 学校で配られたプリント
- かわいいからとっておいた空き箱やリボン

これからの自分に必要かどうか考える

趣味のものや、考え中ボックスにしまっていたものは、進級のタイミングで見直そう。1学年大人になるあなたに、本当に必要なものはどれかな？「新学年では使わないだろうな」と思うものは思い切って手放すと、ものが増えていくのをふせぐことができるよ。

このヘアゴムかわいいけど中学生になったら使わないかも……

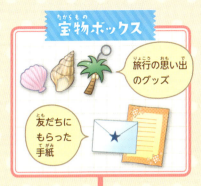

とっておきたい理由を考える

思い出のものを見直してみよう。「思い出のもの」としてとっておきたいのなら、引き続き宝物ボックスへ。「思い出すために」とっておきたいのなら、写真を撮って、もの自体は手放そう。写真を撮っておけば、ものがなくても、写真を見て思い出すことができるね♪

とっておく数を決めておく

使ってみて、使いやすかったもの・まだ使うかもしれないものは、数を決めてとっておくようにしよう。たとえば、教科書やドリルなら、教科ごとに3冊だけとっておく、などと決めるといいよ。

プチ・ブレイクタイム えさがし
お気にのアイテムがたくさん！

さがす物は **7つ**

これをさがしてね。

こたえは158ページ

キレイな机は勉強もはかどる！

左と右の絵では、ちがうところが7つあるよ。
全部見つけられるかな？

おさらい！ 机まわりをキレイにする おかたづけレッスン

ここで紹介していることができているか、■に✓を入れて確かめてみよう。

- ☐ 机の上にはあまりものを置かず、スッキリさせているかな？

- ☐ 机の引き出しの中は、アイテムごとに分けて収納できているかな？

- ☐ 勉強道具と趣味のものは分けて収納できているかな？

- ☐ 机の下には足が入るスペースがあるかな？

- ☐ ものの指定席を決めて、使ったものは元にもどしているかな？

- ☐ 机まわりで使わないものが、机の上や引き出しの中にないかな？

- ☐ 取り出しやすい位置にものを収納しているかな？

- ☐ 時々、机まわりの収納のしかたを見直しているかな？

使いやすい机まわりになっているかな♪

レッスン2

キラキラ★クローゼット
＆洋服ダンスに

お気に入りの服を、スッキリしたクローゼットと
洋服ダンスにしまえば、気分もハッピー♪

服に合った
しまい方を
知ろう♡

いらない服を
減らすには……？

クローゼット・
洋服ダンスを
もっと使いやすく！

めざせ！理想のクローゼット&洋服ダンス

こんなふうに服が整理されていたら、おしゃれ上手になれそう！

✨ キレイポイント❶

アイテムを立てて収納すると、一目でデザインがわかるよ。

💧 ダメダメポイント

クローゼットや洋服ダンスの中にギュウギュウづめだと、何がどこにあるかわからないよ。

✨ キレイポイント❷

服に合った収納のしかたで、いつでもすぐ着られる状態に！

💧 ダメダメポイント

テキトーにハンガーにつるしたり、たたんだり。クローゼットはパンパンで、服にはしわが……。

✨キレイポイント❸

柄がわかるようにキレイにたたんで、ならべて収納。お目当ての服がすぐさがせるよ。

💧ダメダメポイント

とりあえずつっこんでいるので、さがしている服がなかなか見つからない上に、見つかってもしわしわ。

✨キレイポイント❹

オフシーズンの服はお手入れをしてから奥側に収納。次のシーズンに気持ちよく着られるよ。（お手入れのしかたは85ページへ！）

💧ダメダメポイント

お手入れしないまましまってしまうと、黄ばみや虫食いの原因に！

レッスン❷　キラキラ★クローゼット＆洋服ダンスに

① モチベーションを高めよう！

まずどんなクローゼット＆洋服ダンスにしたいか、イメージをふくらませよう。
具体的に想像しておくと、そのあとのかたづけもはかどるよ。

自分の理想を絵にかいたり、メモしたりしよう

CHECK!

自分の好きなテイストを知ろう！

どんなテイストのクローゼットや洋服ダンスが好き？

レッスン② キラキラ★クローゼット＆洋服ダンスに

理想に近づくための作戦を立てよう！

好きなテイストに近づくために、今できることを考えよう。

自分の理想とするクローゼットや洋服ダンスの写真やイラストを集めて、イメージをふくらませる。テイストに合ったカラーボックスや小物を考える。

自分の今のクローゼットや洋服ダンスの不満な点や、使いにくい点を考える。どうしたら、理想に近づくことができるか考える。

クローゼットや洋服ダンスの中身をかたづけて整理。好きなテイストに合ったテーマカラーを考えたり、小物を買い足したり、リメイクしたりする。

② 自分のファッションアイテムをチェック！

クローゼットや洋服ダンスの中身をすべて出して、自分がどんなアイテムをどれくらい持っているかチェックしよう。全部使いこなせているかな？

CHECK! レジャーシートなどをしいて、衣類をすべて出そう

CHECK! すべての服をちゃんと着られているかな？

ファッションアイテムをすべて出そう！

いったん出した服を全部かたづけるには、時間も気力も必要だよ。
難しい場合はアイテムを決めて少しずつ取り組もう。

いっぺんにかたづける場合

お休みの日などを利用して、集中して取り組もう。
自分の衣類は、すべて集めてね。クローゼット、
洋服ダンス、押入れの中など、あちこちに散らばっ
ていることもあるよね。

レッスン② キラキラ★クローゼット＆洋服ダンスに

コツコツ少しずつ取り組む場合

「今日は下着だけ」「Tシャツだけ」など、
アイテムをしぼって取り組もう。決めた
アイテムは、すべてかき集めて、出してね。

アイテムごとに分けよう！

衣類をすべて出したら仕分け作業に進もう。きちんと仕分けすることで、
持っているファッションアイテムがしっかり活用されるよ。

ジャケット、Tシャツ、スカート、下着、くつ下などアイテムごとに分ける。
(アイテム名は次のページをチェック！)

タイプが似ている服は、まとめておく。

ひとつひとつ確認して、いる服といらない服に分ける。
(62ページ以降をチェック！)

ファッションアイテム図鑑

ファッションアイテムの名前をチェックしよう！
どのアイテムをどれくらい持っているかな？

トップス
上半身に着る服のこと

シャツ・ブラウス
Tシャツ
カーディガン
パーカー
トレーナー
セーター

おうちでファッションショー♪

まちがいは **7つ**

左と右の絵では、ちがうところが7つあるよ。
全部見つけられるかな？

こたえは158ページ

③ いらない服を減らそう！

サイズが合わなくなった服や、着ない服をそのままにしていると、かたづかないばかりか、着られるはずの服までうまく活用できなくなっちゃうよ。

体型に合わない服、趣味が合わない服などをチェック！

CHECK!

ポイント！

なやんだら、一度着てみて、似合っているか鏡で見てみよう。自分に似合う服や気分がアガる服だけを残すことで、コーディネート力もアップするよ！

着ている服だけ残すのが基本！

着ない服や着られなくなった服をそのままにしていると、収納スペースがもったいないよ。1枚1枚手にとって、チェックしてみよう。

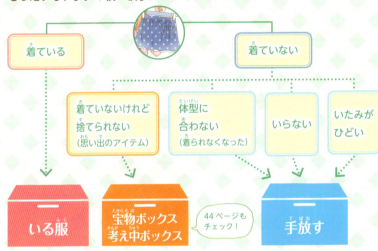

レッスン②　キラキラ★クローゼット＆洋服ダンスに

「もったいなくない」服の手放し方は？

自分が着なくても、他の人が着たい場合もあるよ。タンスの中で眠らせたままにするより、だれかに着てもらったほうが、服もきっとうれしいね！

サイズが合わなくなった服・趣味が合わなくなった服
- 妹やしんせきの子など、欲しい人にあげる。
- リサイクルショップ（古着屋）に売る。
- フリーマーケットに出品。

古くなって着られなくなった服
- 古布としてリサイクル（地域のルールにしたがってね）。
- 切って、そうじ用の布として使う。

服を手放すときは、おうちの人に相談しよう！

ワードローブ表

どんな服をどれだけ持っているのかな？　調べてかき出してみよう。
★表が足りない場合は、おうちの人にコピーしてもらってね。

種類	アイテム	特ちょう	季節
例）トップス	パーカー	花のししゅうがある	㊤春・夏・秋・冬
			春・夏・秋・冬
			春・夏・秋・冬
			春・夏・秋・冬
			春・夏・秋・冬
			春・夏・秋・冬
			春・夏・秋・冬
			春・夏・秋・冬
			春・夏・秋・冬
			春・夏・秋・冬
			春・夏・秋・冬

種類	アイテム	特ちょう	季節
			春・夏・秋・冬
			春・夏・秋・冬
			春・夏・秋・冬
			春・夏・秋・冬
			春・夏・秋・冬
			春・夏・秋・冬

レッスン❷ キラキラ★クローゼット&洋服ダンスに

💛 アイテムをいくつ持っていたかな？

春・夏

● アウター　　　着　　● トップス　　　枚　　● ワンピース　　　着

● ボトムス／スカート　　　枚　　● ボトムス／パンツ　　　枚

秋・冬

● アウター　　　着　　● トップス　　　枚　　● ワンピース　　　着

● ボトムス／スカート　　　枚　　● ボトムス／パンツ　　　枚

インナー

● くつ下　　　足　　● タイツ　　　足

● ショーツ　　　枚　　● ブラジャー　　　枚

④ シーズン&シーンで服を分類！

着る時期や場面に合わせて服を分けておくと、必要なときに必要なアイテムが取り出せる、使いやすいクローゼット&洋服ダンスになるよ。

オールシーズン 季節に関係なく使うもの

部屋着、うすでのTシャツ、くつ下やインナーなど

学校用の服

体操服、水着など

春物・秋物 春や秋に身に着けるもの

シャツ、ブラウス、長そでのTシャツなど

特別なときに着るもの

おしゃれ着

夏物 夏に身に着けるもの

半そでのTシャツ、ショートパンツ、ミニスカートなど

「今の季節のもの」「ふだん着」を出し入れしやすい場所に収納するよ。学校用のものは、どこにしまっておくかおうちの人と相談しよう★

冬物 冬に身に着けるもの

コート、ジャケット、セーター、タートルネックなど

レッスン② キラキラ★クローゼット&洋服ダンスに

お気に入りの服を大切に着よう!

お気に入りの服は、できるだけ長く着たいよね。
大切な服を長持ちさせるには、どうしたらいいのかな？

その1
服にもお休みの日を作ってあげよう!

お気に入りだからといって同じ服を週に何度も着ると、服がいたみやすくなってしまうよ。1日着たら洗って、何日か日にちをあけて着るようにしよう。

きのう着たから今日はお休み♪

服はネットの大きさに合わせてたたんで入れよう。しわがふせげるよ！

その2
洗濯するときはネットを使おう!

洗濯ネットは、服の型くずれやしわ、色うつりなど、洗濯中に起きるハプニングをふせいでくれるよ。洗濯ネットに服をたくさん入れると、服どうしがこすれていたんでしまうから、サイズに合ったネットに1着ずつ入れるようにしよう。

その3 しまっておく服は少なめに！

クローゼットにたくさん服をしまっていると、服どうしがこすれてしまい、いたみのもとに。クローゼットの中で服がギュウギュウにならないように、シーズンでないものは別の場所にしまうなどして、少なめにするといいね。

ぎっちりNG!

こんなときどうする!? 服の応急処置

シミ

シミがある面を下に

❶ かわいたタオルを、シミがついた面と接するようにしく。
❷ 水をつけた歯ブラシで、シミのまわりから中心に向かってたたく。
★それでも落ちないときは、少量の洗剤をとかした水に歯ブラシをつけて、同じようにたたいてみよう。

毛玉

セーターやカーディガンなど、服がこすれるとせんいが毛羽立ち、それが束になってからみあうことで毛玉になるよ。毛玉ができてしまったら、はさみでていねいにカットしよう。毛玉取り器を使ってもいいね。手でひっぱって取ると、生地がうすくなったり、破れたりするのでNG！

服を切らないように注意！

レッスン② キラキラ★クローゼット&洋服ダンスに

5 たたむ？ つるす？ 服に合ったしまい方を確認！

収納スペースに合わせて、たたむ服とつるす服を決めよう。
服に合わせた収納方法で、大切な服が長持ちするよ。

ふんわりスカート

スーツ

CHECK!

CHECK! 家でアイロンをかけられない服はつるして収納が基本！

つるすのに向いている服

かさばるものやたけの長いもの、しわをつけたくないもの、
おしゃれ着などはハンガーにつるして収納するのがおすすめだよ。

コート・ジャケット　　**ワンピース**　　**ブラウス**

スカート　　**パンツ（ズボン）**

ハンガー選びも大切！

かさばらないものや服の型くずれをふせぐものなど、いろいろあるよ。服に合わせて選ぼう！

たたむのに向いている服

つるすと型くずれするニットや、Tシャツなどは、
たたんでコンパクトに収納するのがおすすめだよ。

たたんでしまおう！

つるすとのびるもの　　Tシャツ　　くつ下・インナー

レッスン② キラキラ★クローゼット＆洋服ダンスに

図解！上手な服のたたみ方

トップスやインナーの基本のたたみ方を紹介！ 最初は練習が必要だけれど、慣れれば簡単にキレイにたためるようになるよ。

Tシャツ ❶ 簡単なたたみ方だよ。

準備
ゆかなど平らな場所で形を整える。

1
そでどうしを合わせて、絵のように半分に折る。

2
そでを折る。

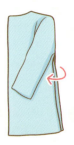

3
肩とすそを合わせて半分に折る。
引き出しの大きさに合わせてさらに折ろう。

できあがり！

Tシャツ❷／シャツ 真ん中に折り目がつかないたたみ方だよ。

準備
背中側を上にして形を整える。

1
絵のように、肩はばの真ん中あたりで折る。

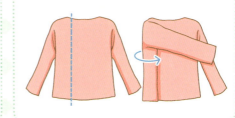

2
そでが長い場合、絵のように折る。

3
反対側も同じように折り、2つ折りか3つ折りにする。引き出しの大きさに合わせてね。

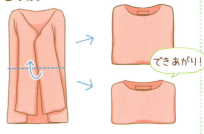

できあがり！

レッスン❷ キラキラ★クローゼット＆洋服ダンスに

えりのある服はこのたたみ方をしてね！

パーカー

準備
背中側を上にして形を整える。

1
絵のように、肩はばの真ん中あたりで折る。

2
絵のように、そでを折る。

3
反対側も同じように折る。

4
フードを背中側に折る。

5
肩とすそを合わせて半分に折る。最後に表に返す。

できあがり！

くつ下

1 くつ下を重ね、つま先をかかとに重ねるように折る。
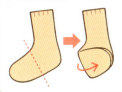

2 絵のように、足首のあたりで折る。
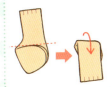

3 はき口をかかととつま先のすきまにはさみこむ。

できあがり!

ブラジャー

1 半分に折り、カップのふくらみを重ねる。

2 ストラップ、ベルトをカップの中に入れる。

できあがり!

ワイヤー入りの場合
形をくずさないように重ねる。

ショーツ

1 両側を、内側へ折る。

2 下側3分の1をウエストのゴムにはさんでとめる。

3 形を整える。

できあがり!

レッスン② キラキラ★クローゼット&洋服ダンスに

使いやすい収納ワザ！

たたんでからしまう服は、引き出しのサイズに合わせると、そのあとの収納がぐっとスマートに。「立てる」収納で見やすさと使いやすさを両立させよう。

トップス
たたむときに、引き出しの深さと幅に合わせるとスッキリしまえるよ！

CHECK! よく着るものを手前に

CHECK! 立てて並べると見やすくて、取り出しやすい

CHECK! セーターなどの厚い服は平らにならべてもOK!

CHECK! タンス用の仕切りを使うと、服がたおれないよ

✗ 平らに重ねると服がさがしにくく、引き出しの中がみだれやすいよ

くつ下・インナー

CHECK! 仕切りや空き箱を使って、アイテムごとに場所を決めよう

CHECK! くつ下はたけ別に分けておくと選びやすい

一目でアイテムがわかる収納

アイテム別・色別にきちんと収納されていると、外出前に一目で見わたせて、コーディネートが決めやすくなるよ。

アイテムごとに分けよう

トップス、ボトムスなどアイテムごとに場所を決めておくと、服を選びやすいね。

色別に分けよう

色別、柄別に分けておくと、キレイだし、コーディネートもしやすいよ。

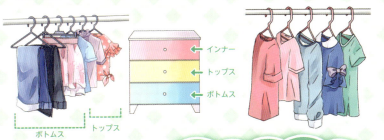

よく着る服を、取り出しやすい位置にまとめて収納しておくのもおすすめ！ 急いでいるときなど、さっと取り出して着られるから便利だよ♪

レッスン② キラキラ★クローゼット&洋服ダンスに

アイロンがけにチャレンジ

せっかくかわいい服を着ていても、しわしわだとかっこ悪いよね。
アイロンのかけ方を覚えて、いつでもピシッとしわのない服を着よう♪

アイロンのかけ方　〜綿のハンカチ編〜

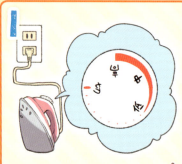

1 コンセントにプラグをさしこみ、生地に合わせて温度を調節する。綿のハンカチなら「高」がおすすめだよ。

2 アイロン台にハンカチを広げ、ハンカチをひっぱって布地がのびない方向を調べる。そのあと、きりふきを使って全体をかるくしめらせる。

3 ハンカチのふちにアイロンをかける。アイロンはドライ設定で、やさしくすべらせるように動かして。

4 2で調べた「布地がのびない方向」に平行になるようにして、アイロンをかける。

※たくさんあるアイロンのかけ方のうちの一例だよ。

〜シャツ編〜 ※いろいろな順番のかけ方があるよ。

1 そで

わきのぬい目に平行にかけ、そで口に向かってかける。そで口は、内側と外側、両方かける。

2 肩

アイロン台の先の細いところに肩の部分をのせてかける。

3 右前身ごろ

アイロン台に横向きに広げて、わきのぬい目にそってかける。

4 背中

アイロン全体を使ってかける。

5 左前身ごろ

3と同じようにかける。ボタンとボタンの間にアイロンの先をさしこむようにしてかける。

6 えり
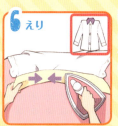
両はしから中央に向かってかける。熱いうちに形を整えて。

レッスン❷ キラキラ★クローゼット&洋服ダンスに

アイロンがけQ&A

Q どれくらいの温度でかければいい?

A 服の取りあつかい表示で確認しよう。服の内側についているラベルには、洗濯したりアイロンをかけたりするときのルールが絵で示されているよ。この表示にしたがって温度を調節しよう。

- 高温 200℃まで
- 中温 150℃まで
- 低温 110℃まで
- アイロンがけできない

Q 当て布って何?

A デリケートな素材にアイロンをかけるとき使う布だよ。素材によってはそのままアイロンをかけるといたんでしまうことがあるから、服の上に布をしき、その布の上からアイロンをかけるよ。

スイスイ♪ アイロンがけ

左と右の絵では、ちがうところが7つあるよ。
全部見つけられるかな？

こたえは158ページ

プチ・ブレイク タイム えさがし
おしゃれ着もスッキリ収納！

さがす物は **7つ**
これをさがしてね。

⑧ オフシーズンのアイテムのしまい方

シーズンものの衣類は、季節が終わったらきちんとお手入れをして、正しい方法で収納しよう。来シーズンも気持ちよく着られるよ。

クローゼット

オフシーズンのものは手が届きにくい場所にしまってOK！

収納用のカバーをかけて、はしのほう（または奥側）につるそう。ビニールのカバーは湿気でカビが生えてしまうのでさけて。不織布のカバーがおすすめだよ。

洋服ダンス

奥行きが深い引き出しは、服を手前から奥に向かって入れよう。引き出しの奥側をオフシーズン衣類用のスペースに。

引き出しによって、オフシーズンのものを分ける手も。引き出しの中身は、背の高さに合わせて決めよう。下側の引き出しのほうが使いやすいなら、下側に今のシーズンのものを入れるといいよ。

しまう前に必ずキレイに!

シーズンが終わったあとには、ありがとうの気持ちもこめて、
しっかり服のお手入れをしよう。ポケットの中の確認もわすれずに。

洗濯

服に合った方法で、よごれを落とそう。目には見えなくてもよごれがついているかも。そのまましまうと、シミや虫食いの原因になるよ。取れかかっているボタンがないかも、このタイミングでチェックするとGOOD!

クリーニング

家で洗えない服はクリーニングに出そう。シミやよごれをチェックして、お店の人に伝えてね。クリーニングからもどってきた服はビニール袋をはずして、収納用のカバーをかけるといいよ。

正しくかしこく収納しよう!

オフシーズンの衣類の収納には、防虫剤の使用がマスト!
除湿剤も入れると、カビ防止になるよ。

NG!
つめこみすぎはアウト!

収納ケースはゆとりをもって。

防虫剤は説明書を読んで、使い方を守ってね。

防虫剤は服の上に置く(クローゼットにはつるすタイプを)。

レッスン②　キラキラ★クローゼット&洋服ダンスに

自分で洗ってみよう！
おしゃれ着&ニット

おしゃれ着やニットも、ポイントをおさえれば、自分で洗えるよ。
クリーニングいらずの洗濯上手になっちゃおう。

上手に洗うポイント

・その1・

取りあつかい表示（洗濯表示）を確認しよう

服の内側についているラベルに、どのように洗濯すればいいのかがマークで示してあるよ。このマークを見て、適した洗い方を確認しよう。

 40℃以下で、洗濯機で洗える
 ー は弱い洗濯　＝ はとても弱い洗濯
 40℃以下で手洗い
✗ 家庭では洗えない

おしゃれ着用洗剤は中性洗剤だよ

・その2・

おしゃれ着（ワンピース、ブラウスなど）用洗剤を使おう

おしゃれ着用洗剤は、洗濯によるダメージをふせいでくれるので、デリケートな素材の服もいたむことなく洗えちゃう！　ニットの毛玉や、シャツのしわ、デニムの色あせなどもふせげるよ。

・その3・

洗濯機の機能を利用しよう

洗濯機は、洗うものによってコースを選べるよ。おしゃれ着は「ドライコース」で洗おう。デリケートな服をやさしく洗うコースだよ。洗濯機によって、「ソフトコース」「おうちクリーニング」など、名前がちがうので注意。

洗い方～手洗い編～

1. 洗面器などにぬるま湯をため、おしゃれ着用洗剤を入れて混ぜる。

2. 服をたたんで入れ、手のひらで30回くらい押して、やさしく洗う。

3. 水を数回取りかえてすすぎ、洗剤を落とす。

4. バスタオルにくるんで水分をとってから干す。

※ 洗剤の分量は、商品の指示通りにしてね。

洗い方～洗濯機編～

1. 洗濯ネットに服をたたんで入れる。

2. 洗濯機で「ドライコース」「手洗いコース」などを選んで洗う。

ワンポイントアドバイス

❀ ニットなどのデリケートな素材の服は、洗いすぎるといたんでしまうので、ふだんは消臭スプレーなどでケアしよう。数回着たら、手洗いしようね。

❀ コートなど、自分では洗えない服もあるよ。おうちの人と相談して、クリーニングに出そう。

レッスン②　キラキラ★クローゼット＆洋服ダンスに

⑨ バッグ・帽子のしまい方

お気に入りのバッグや帽子は、外出前に服と合わせてさっとコーディネートできるように、出し入れのしやすい収納を心がけたいね。

フックにかけておくと見せる収納にもなる

CHECK!

CHECK!
箱に収納したものは時々箱から出して風に当てて

ふだん使いのものは部屋に出しておこう！

バッグ・帽子収納ワザあれこれ

服とちがって洗濯できないものが多いので、あまり使わないものはほこりがつかないよう、クローゼットの中や箱に入れて保管しよう。

レッスン② キラキラ★クローゼット&洋服ダンスに

たなにならべる

パッと見わたせるので選びやすいよ。
型くずれもしないね。

箱・袋に入れる

箱や袋に入れたものは写真やタグをつけて中身をわかりやすく。

重ねて収納

 サイズの小さいものを中に

 やわらかい素材のものを上に

型くずれが気にならないものなら重ねるとコンパクトに。

S字フックにつるす

ポシェットなどはクローゼットにS字フックでつるしてもいいね。

ポイント！

クローゼットにしまうときは、やわらかいブラシなどでほこりやよごれをはらってね。

おさらい! クローゼット&洋服ダンスをキレイにするおかたづけレッスン

ここで紹介していることができているか、■に✓を入れて確かめてみよう。

- [ ] どんなクローゼット&洋服ダンスにしたいか、イメージできているかな?
- [ ] 今、自分がどんなアイテムをどれくらい持っているか、ちゃんと知っているかな?
- [ ] たたむ・つるすなど、服に合ったしまい方ができているかな?
- [ ] どんな服なのかが一目でわかるように収納できているかな?
- [ ] 洋服はアイテムごと・色別に分けて収納できているかな?
- [ ] 着なくなった服がそのままになっていないかな?
- [ ] 服はきちんとたためているかな?
- [ ] オフシーズンのものはしっかりお手入れしてしまっているかな?
- [ ] バッグや帽子は出し入れのしやすい場所にしまっているかな?

> 大切な服を長く着るために、クローゼットやタンスもキレイにね!

レッスン3

ステキな スクールライフに

おかたづけがうまくいくと、スクールライフも充実するよ！
みんながうらやむステキ女子になろう♪

持ちものは前日にそろえて
準備バッチリ★

1週間の着まわし
スクールコーデを
紹介♪

いつでもピカピカの
スクールグッズで
気分アップ！

めざせ！ステキ女子のスクールライフ

あなたがめざしている女の子は、どっち？

⭐朝の身じたく、どっち？　⭐そのコーディネート、気に入ってる？

① 学校グッズにも指定席を！

学校で使うグッズは、決まったスペースに指定席を作ってあげるとさがす手間もはぶけるし、スマートに取り出して用意ができるよ。

ランドセル

体操服

教科書・ノート

習いごとや塾の道具

指定席の決め方のポイント

Point 1　自分の机まわりに集中させよう

ほぼ毎日使う学校グッズ。明日の用意をしながらそろえることがほとんどだから、できるだけ机まわりなど、グッズの置き場所を同じにするほうが、取り出すのももどすのもラクだよ。

レッスン③　ステキなスクールライフに

習いごとや塾の道具類はゆかに置かず、教科ごとにフックやワイヤーラックを利用してかけておこう

教科書やノートは、一か所に立てておくと取り出しやすくてGOOD！

ランドセル、体操服はほぼ毎日出し入れするから、机の横などいちばん取り出しやすい場所がおすすめ

横積みは取り出しにくいし、見た目も悪いのでさけてね

Point 2　一目でわかる状態にしておこう

毎日使うもので、大きめのグッズをクローゼットの中などにしまうと、出し入れが大変。なるべくさっと手に取れて、あるかないかが一目でわかる場所を指定席に決めよう。教科書とノートは、教科ごとにセットにしておけば「あれ、ノートは？」といちいちさがさなくてもすむよ。

机やたなへ　OK！

NG！

クローゼットに置く

教科ごとにラベリングするとスッキリして、かたづけも楽しくなっちゃうはず♪

② 帰ったらすぐやる！で、わすれもの知らずに

家に帰ったら、そのままの勢いでパパッとかたづけちゃおう！　おうちでの生活をきちんと整えることが、ステキなスクールライフのキメ手だよ。

すぐやるモードでいいことづくめ！

CHECK!
作った指定席（95ページ）にスクールグッズをきちんともどしておけば、あとの準備がラックラク！

「かけるだけだから簡単！」

「お気に入りの服だから、大事にしようっと！」

CHECK!
上着やぬいだ洋服はきちんとハンガーにかけておくと女子力グーンとアップ！

「明日、牛乳パック使うから持っていっていい？」
「いいわよ」

CHECK!
次の日の特別な持ちものは、すぐに用意！　おうちの人へのプリントも、すぐわたしちゃおう！

すぐやるモードは流れが大事！

帰ってからのいつもの自分の動きをふりかえってみよう。「あとでやろう」をやめて、「すぐやる」を連続してスムーズにつなげていけば、流れにそって体が自然に動いてくれるようになるよ。

レッスン ③ ステキなスクールライフに

帰宅！ ただいま！

→ 上着は？
玄関のフックや自分の部屋のハンガーに。

→ ランドセルは？
決まったスペースにもどす。

↓

持ち帰った体操服は？
洗うなら洗濯かご、続けて使うなら指定席へもどす。

← 学校のプリントは？
おうちの人にわたすか、おうちの人と決めたプリント置き場に出しておく。

↓

ここまでできたら、ホッとひと息ティータイム♥

ひと息ついたら、宿題をパパッとかたづけちゃうのがおすすめ！

持ちものの準備は前日のうちに！

学校の準備は、前日のうちにしっかりすませておけばわすれものもしないし、朝バタバタせずにすむから、必ずやっておこう！

準備OK！

CHECK! 次の日の時間割を見ながら、必要なものをそろえよう

CHECK! 時間割にない特別な持ちものは、連絡帳にちゃんとかいてある？

CHECK! ペンケースの中って、意外とチェックをわすれがち！

CHECK! 体操服や給食袋は、寝る前にはランドセルにセットしておこう！

なるべく全部を一か所にまとめてね。「明日持っていくセット」を入れておく専用のカゴを作ってもいいね！

持ちものチェック必勝ルール

① ランドセルの中身は、一度全部出す

一度出したら、いらないものはいつもの指定席にもどして、必要なものだけを確認しながら入れかえていこう。

> ごみはその日のうちに処分しよう！　よごれていたら、簡単にふいてね★

> あ！　コンパスがいるんだった！

② 時間割だけでなく、連絡帳を必ず確認！

学校に持ってくるように言われたもの、次の日の注意などは必ず連絡帳にメモしてくるよう習慣づけよう。

> 社会の地図帳も！

レッスン③　ステキなスクールライフに

毎日やりたい基本のチェック

ペンケースチェック

- えんぴつはけずってある？
- 消しゴムは小さくなってない？
- シャープペンシルのしんは足りてる？
- 赤えんぴつはある？

身だしなみグッズチェック

- ティッシュはある？
- ハンカチはキレイに洗ってある？

> ポーチにまとめておくと出しやすいね！

プチ・ブレイクタイム まちがいさがし
準備バッチリでゆとりのある女子に♪

まちがいは **7つ**

左と右の絵では、ちがうところが7つあるよ。
全部見つけられるかな？

こたえは159ページ

④ 着ていく服は、前日にそろえちゃおう！

いそがしい朝にバタバタと服装を決めると、学校に行ってから「あれ？ なんだかイマイチ……っ」なんてことに。自信を持って登校できるように、前日にコーディネートを決めておこう。

OK!

イマイチ

気温が上がるって天気予報で見たから、うすでのパーカーにしてみたよ。

春っぽいスカートにゴツめのスニーカーを合わせたよ。

今日はあったかかったから、トレーナーの上に上着はいらなかったなあ。

上着が黒なら、ボトムスは明るい色にすべきだった〜！

服装の用意を楽しくするコツって？

コツ❶ 明日のわたしを、全身まるごとコーディネート！

レッスン③ ステキなスクールライフに

ハンガーに全部かけておけば、朝は着るだけで超ラクチン！

コツ❷ 明日の天気を調べて参考にする！

暖かくなりそうだね！

毎日、モデルのスタイリストになった気分で、自分の服を楽しく選ぼう！コーディネート力もみがかれて、一石二鳥だね♪

晴れるのか雨が降るのか、気温は今日より高いか低いか、テレビやネットの天気予報をチェックするくせをつけよう。

⑤ もう迷わない、次の日のスクールコーデ♥

「明日、学校に何着て行こう？」をワクワクできる時間にするための、スクールコーデ術を紹介するよ。

月〜金曜日 着まわしコーデでおしゃれレベルをアップ

手持ちのアイテム

- スポーティーなTシャツ
- パフスリーブブラウス
- ボーダーシャツ
- デニムのミニスカ
- フレアスカート
- 7分丈デニム
- ジャンパースカート

月 Monday
Tシャツ + ミニスカ
週の始まり、月曜は元気ハツラツスタイルで！

火 Tuesday
ブラウス + フレアスカート
今日はプールと健康診断があるから、着がえやすくてフェミニンなスタイルで。

水(すい) Wednesday

ボーダーシャツ + ジャンスカ

木(もく) Thursday

ブラウス + デニム

金(きん) Friday

ボーダーシャツ + フレアスカート

レッスン③ ステキなスクールライフに

小雨予報の水曜、重ね着にハイソックスで防寒もバッチリ。

社会科見学の日だから、ちゃんと見えるけど動きやすいコーデで。

授業参観の金曜日はきちんとコーデ、ソックスは白でキマリ！

💎 コーデのミニテクベスト3

ミニテク❶
トップスとくつ下の色をそろえると、コーデレベルがUP！

ミニテク❷
同じ服でもヘアスタイルで変化をつけると、印象が変わるよ。

ミニテク❸
柄ものと柄ものの組み合わせは着こなしが難しいから、上下どちらかだけにするのがおすすめ。

NG！ OK！

☀ 天気別コーデのテクニック ☂

天気予報
最高22℃　最低10℃

気温差の大きそうな日は、カーディガンやパーカーなど、ぬぎ着で温度調節できるものをプラスしよう！

天気予報
最高15℃　最低7℃

雨の日は、レインコートや防水加工された上着がベスト。中に着るものは、ぬれてもかわきやすいものを選ぼう。

着がえの必要な日のコーデテクニック

プールや体育がある日は、着がえのしやすいものを選んでね。

トップス

前開きボタン

首元がよくのびて、ぬぎ着しやすいTシャツ

ボトムス

スカートなら、下着姿にならずに着がえられるね。

NG！
タイトなスカートは、はいたまま着がえにくいよ！

行事のときもキラキラコーデで!

運動会
一日中外にいるから、日よけのパーカーは必要だね。

みんな同じ体操服だからくつ下の色や柄で個性をアピール!

遠足
ぬぎ着しやすく、動きやすい上着がおすすめ。

ミニスカかショーパンにスパッツを合わせるとキュートな上に、ケガもふせげるコーデに。

山や草むらを歩くのにナマ足はキケン!

レッスン③ ステキなスクールライフに

合唱発表会
えりのある白いシャツで清潔感を第一に!

プリーツスカートはきちんと感が出せる優秀アイテム。

3つ折りくつ下で優等生モードに。

観劇会
シンプルでガーリーなワンピースでキマリ!

長時間すわっていてもしわになりにくい素材がベター。

※学校からの指示がある場合は、それにしたがおう。

準備バッチリ★チェックリスト

当日にあわてなくてすむように、前日にやっておくことをかき出そう。
できたら□に✓を入れてね。

チェックシート

- ✅ 例) 算数の宿題をする！
- ☐
- ☐
- ☐
- ☐
- ☐
- ☐
- ☐
- ☐
- ☐
- ☐

レッスン❸ ステキなスクールライフに

- ☐
- ☐
- ☐
- ☐
- ☐
- ☐
- ☐
- ☐
- ☐
- ☐
- ☐
- ☐

これで明日の準備はバッチリだね☆

スクールライフがもっと楽しくなる！
簡単ヘアアレンジ☆

アレンジする前に髪全体をブラシでよくとかしてね。

💗 休み時間の間にできちゃう！簡単アレンジ

ショート

用意するもの
ブラシ、コーム、アメピン

クロスピンでイメチェン!!

 ブラシで髪をとかして、コームの柄の先で髪を真ん中分けにする。

 分けた前髪をフェイスラインにそうようにとかす。

 片手で耳の前の髪をおさえながら、ピンをクロスさせてとめる。反対側も同じようにする。

ロング

用意するもの
コーム、カラーゴム

ポップに変身★

 コームで髪をふたつに分け、耳の上、高い位置で結ぶ。

 数か所、同じ間隔で、カラーゴムで結ぼう。毛先は少し残すよ。

 結び目のゴムを片手でおさえながら、反対の手でゴムとゴムの間の髪を少しずつ引き出してふくらませるよ。上から下に、順番にふくらませよう！

恋にも効く!? キュートアレンジ

レッスン③ ステキなスクールライフに

ショート

用意するもの
コーム、
カチューシャ2本

カチューシャの2本使いがおしゃれ♪

① トップの毛束を、指先でつまんで持ち上げる。

② コームを毛束の後ろにあてて、毛先から根元に髪をしごくように動かし、逆毛を立てる。

③ 逆毛を立てた部分より手前に、細いカチューシャをつける。

④ その後ろに、少しずらしてもうひとつのカチューシャをつける。

ロング

用意するもの
コーム、ゴム、ダッカール

いつもよりエレガント♥

① 耳の後ろで両サイドの髪をコームで取り分けて、後ろの髪はダッカールでとめる。

② 両サイドの分けた髪を耳の上で結ぶ。

③ 毛束をそれぞれ根元からふたつに分けてねじり、小さいゴムでとめる。

④ ダッカールを外して、両サイドのねじった髪を後ろでひとつにまとめ、ゴムでとめる。

⑥ ピカピカグッズでステキなスクールライフ

学校で使うグッズをキレイにお手入れしてる女の子って、ステキだよね！
いつもピカピカにしておくためのポイントをチェックしてみて！

リコーダー
使ったあとの
お手入れはしてる？

絵の具・習字道具
きちんと洗って、
かわかしてあるかな？
入れものの中の
整理せいとんは
してる？

ランドセル
傷やよごれはない？

教科書
はしが折れてたり、
よごれてたり
しない？

文房具
ペンケースの中はキレイ？
えんぴつはけずってある？

上ばき
黒ずんでいたり、
書いた名前が
かすれてたりしない？

体操服や水着
キレイに洗って、
たたんである？

正しいスクールグッズのケアって？

ランドセル

ランドセルの外側のよごれは、水をかたくしぼった布でふいて。よごれを予防するには、専用のカバーをかけるのがいちばん。中は、いらないプリントやごみをちゃんと取りのぞこう。

文房具

えんぴつは、けずってキャップをつけるとペンケースの中がよごれにくいよ。消しゴムのカバーが破れたりよごれたりしたら、厚紙でオリジナルカバーを作ってもいいね。

リコーダー

そうじぼう
ガーゼ

使い終わったら、専用のそうじぼうにガーゼをつけて、穴から入れてそっとまわすよ。中の水分をきちんと取って、よくかわかせばOK。

絵の具・習字道具

久しぶりに使うときは、おうちで中身の点検をわすれずに！
絵の具や墨汁が足りなくなっているかもしれないよ。

体操服・水着・上ばき

使ったら持ち帰って洗おう。上ばきは1か月に1回など、定期的に持ち帰って洗ってね。

こまめにお手入れをすることが大切だね★

レッスン ③ ステキなスクールライフに

いつもピカピカのグッズを使うために

グッズは定期的にチェックして、足りなくなったり、使えなくなったりしていないか確かめよう。

買いかえは、早めにおうちの人に相談してね！

チェック1
えんぴつが短くなってない？

Yes ☐
No ☐

チェック2
消しゴムは減ってない？

Yes ☐
No ☐

チェック3
授業で使うノート、残り少なくなってない？

Yes ☐
No ☐

チェック4
絵筆や習字筆、ボロボロになってない？

Yes ☐
No ☐

チェック5
絵の具や墨汁、残り少なくなってない？

Yes ☐
No ☐

チェック6
体操服や上ばき、破れたりほつれたりしてない？

Yes ☐
No ☐

勉強以外のグッズもチェックしてカンペキに！

学校によけいなものは持っていっちゃだめだけど、身だしなみとして、最低限のものはいつも持っているのがマナーだね。

レッスン③　ステキなスクールライフに

リップクリーム

いつもつやつやの
くちびるに！

生理用品

ポーチに入れて
持ち歩くと
スマート。

ばんそうこう

ちょっとした
ケガに、
あると便利。

洗ってある清潔なハンカチ

手洗いの
あとの
必需品
だよ。

ポケットティッシュ

必要なときに
さっと取り出し
たいね。

かわいいヘアで学校に行くよ！

さがす物は **7つ**

これをさがしてね。

明日持っていくものを確かめよう！

まちがいは **7つ**

左と右の絵では、ちがうところが7つあるよ。
全部見つけられるかな？

こたえは159ページ

ハンドメイド小物で うきうきスクールライフ♪

ハンドメイドにチャレンジしてみよう！
自分で作ったアイテムを使うと、学校生活もより楽しくなるよ！

簡単かわいい♥ ヘアクリップ

使うもの
・ヘアクリップ ・デコパーツ ・手芸用接着剤
・リボン ・両面テープ

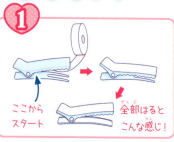

ヘアクリップをつまみ、広げる。クリップの内側の奥から両面テープをはり始め、表に返してぐるっと1周はる。

両面テープのシールをはがし、**1**と同じようにリボンをはる。

接着剤でデコパーツをつけたら、完成！

髪だけじゃなくてさげバッグにつけてもかわいいよ！

手ぬいでできちゃう★
ポケットティッシュケース

使うもの
- ぬい針
- まち針
- 糸
- 布（23cm × 14cm）

①

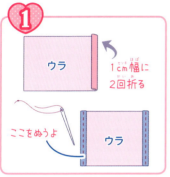

布を、裏面を上にして横向きに置く。左右のはしを1cm、内側に2回折り、ぬっていく。
★まち針でとめておくとぬいやすいよ！

②

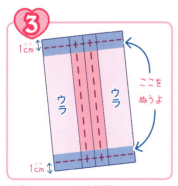

布の表面を上にして横向きに置き、左右のはしを真ん中に合わせて折る。

③

上下のはしの1cm内側をぬっていく。

④

裏返したら、完成！

針を使うときは、おうちの人といっしょにチャレンジしてね。

レッスン③ ステキなスクールライフに

さりげなく仲良しアピールできる
ペアアイテム

友だちとおそろいのアイテムを持って、キズナを深めちゃお♥

ヘアゴム・シュシュ

友だちがヘアアクセとしてつけるなら、自分はうでにつけるなど、ちがう使い方ができるよ。

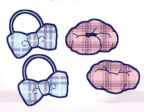

ハンカチ

ポケットからハンカチを出したら……おそろい♪ 使うたびにうれしくなっちゃうね！

くつ下

おそろいのくつ下を、曜日を決めていっしょにはいてもいいね！

シール・ステッカー

消しゴムやのりにはれば、オソロアイテムに早がわり!!

くつひも

スニーカーのくつひもを同じカラーにすれば、さりげなく仲良し感が出てGOOD★

同じ柄×別のもの

別々のアイテムでも、ふたりの思い入れのあるモチーフだったら、オソロになるね！

レッスン③ ステキなスクールライフに

友だちといっしょに！
オソログッズを作ろう！

いっしょに作れば、思い入れも友情も2倍だね♪

えんぴつキャップ

えんぴつキャップにリボンのシールをはろう。リボンは、「人の心をつなぐ」と言われているよ。ラッピングに使うリボンを結んで、接着剤でとめても◎

ノート

お気に入りのマステでノートをデコったら、プレゼントしあってもいいね。

おさらい！ステキなスクールライフを送るためのおかたづけレッスン

ここで紹介していることができているか、■に✓を入れて確かめてみよう。

- [ ] スクールグッズの指定席を決めているかな？
- [ ] 何があるか一目でわかるように収納しているかな？
- [ ] 「帰ったらすぐやる！」を守れているかな？
- [ ] 学校の準備は前日のうちにすませているかな？
- [ ] 持ちものを毎日チェックしているかな？
- [ ] 着ていく服は前日のうちに準備できているかな？
- [ ] 毎日お気に入りのコーデができているかな？
- [ ] 天気や行事に合わせたコーデができているかな？
- [ ] スクールグッズのお手入れがきちんとできているかな？
- [ ] スクールグッズや身だしなみのグッズを定期的にチェックできているかな？

前もって準備をするくせをつけよう！

レッスン4
あこがれのお部屋に

自分好みのかわいいお部屋に変身させて、
友だちを招待しちゃおう!

あこがれの天がいつきベッドが自分で作れちゃう!?

ワザアリ★
おしゃれな収納方法!

ちょっとした工夫で
かわいい収納グッズができるよ♥

① ワンランクアップのお部屋コーデ

あなたのめざす部屋は、どのイメージに近いかな？ 色のバランスやインテリア選びで、あこがれのお部屋コーデに近づくワザを教えちゃうよ。

ラブリーコーデ

ラブリーカラーのピンクをうまく取り入れた部屋は、女の子ルームの王道だね！

おすすめカラー
- チェリーピンク
- ベビーピンク
- ミルキーホワイト

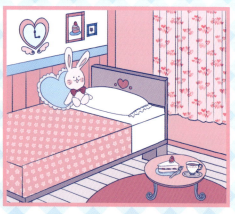

★ここで紹介している色を、インターネットなどでチェックしてみてね！

小悪魔コーデ

かわいいだけじゃもの足りないあなたは、少し大人っぽいカラーと小物使いでキュートに決めて。

おすすめカラー
- フューシャピンク
- パープル
- ゴールド

ポップコーデ

はじけるような元気カラーでいっぱいの部屋は、わくわくするのが大好きなあなたにぴったり！

おすすめカラー

トマトレッド　オレンジ　グリーン

ナチュラルコーデ

ハデさより自然な色や素材が好きなあなたは、シンプルでやさしい部屋作りをめざそう。

おすすめカラー

ベージュ　アイスグリーン　スプリンググリーン

プリンセスコーデ

お姫さま気分で過ごしたいあなたには、上品カラーを組み合わせた、姫コーデがお似合いだよ。

おすすめカラー

シルバー　ベビーブルー　パステルイエロー

レッスン ❹　あこがれのお部屋に

② 部屋のカベ使いでイメチェンしよう

家具やインテリアは、なかなか変えにくいもの。そんなとき、部屋の大部分をしめているカベに注目！ちょっとひと工夫するだけで、理想のイメージに近づけるよ。

※カベをデコるときは、おうちの人に相談してからにしよう！

カベメイクその1　マステでイメチェン！

簡単なのが、部屋のイメージカラーのマスキングテープを使ってスイッチカバーやアルファベットオブジェをデコる方法だよ。

ラブリーコーデなら

ピンクのきれいなグラデーションでカバーのまわりをぐるっと囲んじゃおう！ジュエリーシールでデコるとラブリー度アップ。

ポップコーデなら

ワントーンのマステと柄もののマステを組み合わせて、ボーダーにすると個性的で楽しいね！ポップカラーに限定しておかないと、ゴチャッとするので注意！

ナチュラルコーデなら

部屋のカベの色となじむ、ナチュラルな色柄をチョイス。小鳥や葉っぱのシルエットシールをワンポイントに使って、ガーリーなムードをプラスしてもいいね。

アルファベットオブジェを、マステで包んでカベにオン！

マステをすきまなくていねいに巻いていくよ

木のアルファベットオブジェ

ウラ

リボンを輪にして、マステでいっしょにはると、カベのピンやフックにかけられるよ！

カベメイクその2　ウォールステッカーでイメチェン！

ウォールシールやステッカーはたくさん種類があるから、好みの形や色を選んでね。
センスよく仕上げるコツは、色や量をたくさん使いすぎないこと。カベ紙が弱い場合は「養生テープ」をはってからウォールシールをはると、あとではがしやすくなるよ。

（他にも……）

カベと、カベぎわに置いているアイテムに同じシールをはって、統一感を出すのもGOOD！

レッスン④　あこがれのお部屋に

カベメイクその3　包装紙やポストカードでイメチェン！

お部屋のイメージカラーに合った包装紙を、ポスターがわりにフォトフレームに入れて。しわのない部分を選んで、キレイに伸ばしてフレームに入れてね。

シリーズになっていたり、色合いが似ていたりするポストカードが何枚かあれば、マステで囲んで階段状にはってみるのも新鮮。シールをうまく組み合わせると、より楽しい空間にできるよ。

カベメイクその4 手持ちの小物でイメチェン！

カベをキャンバスに見立てて、アートを作るみたいに小物をかざってみよう。
ポイントは、厚みの少ないフラットなものに限ることと、小物と小物の間に十分スペースを取ることだよ！

コルクボードにお気に入りのシュシュやヘアゴム、アクセサリーをかわいい押しピンでとめてディスプレイ。全部をかざろうとするとゴチャつくから、とっておきのものだけを、色のバランスを考えながらかざってね。

簡単！手作りガーランド

手作りのガーランドなら、サイズや量を調節できて、より自分の部屋にぴったりのカベメイクがかなっちゃう！　※ガーランドとは、もともと花や葉っぱでできた王かんのこと。今はカベや天井につるすかざりのことをまとめてガーランドとよぶよ。

レッスン④　あこがれのお部屋に

フラッグガーランド

オーソドックスなフラッグ型のガーランドは、折り紙やペーパーナプキン、布を切ってはるだけ。手軽にできちゃうよ。部屋に合った色と柄選びを楽しんでね。

すだれガーランド

色画用紙を丸く切ってはり合わせるすだれ風ガーランドは、色のグラデーションでセンスよくつなげていくとうまくいくよ。丸の大きさに少しずつ変化をつけるとリズム感が出て楽しいね。

ポスカガーランド

キレイなポストカードを、おしゃれなクリップでとめていくだけでも立派なガーランドに。バラつかないように、イメージを統一しやすいシリーズものがおすすめ。

ポンポンガーランド

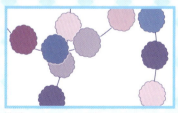

毛糸のポンポンで作るガーランドは、女の子らしさバツグン！　パステル系やビビッド系など色のトーンをそろえれば、主役級のインパクトになるよ。

プチ・ブレイクタイム まちがいさがし
ステキなお部屋でティータイム♡

まちがいは **7つ**

左と右の絵では、ちがうところが7つあるよ。
全部見つけられるかな？

こたえは159ページ

収納小物を リメイク&ハンドメイド

理想の部屋をめざすなら、収納もスッキリおしゃれにキメたいよね！ おこづかいの中でできちゃうかわいいリメイクとハンドメイドの収納アイデアを紹介するよ！

宝物ボックス

ふだんは使わないけど、どうしてもとっておきたい大事なものってあるよね。自分だけのステキな宝物ボックスに入れたら、思い出もずっとキラキラに！

大事な手紙&写真

思い出のペン

小さいときに買ってもらったお気に入りの指輪

大好きなシール

ひっこしちゃった友だちがくれたマスコット

ざいりょう

- 紙の箱（くつやおかしなどの しっかりしたふたつきの化粧箱）…1個
- フェルト…箱とふたにはれる量。うすでのもの
- タイルシール…ふたのまわりを囲める量
- 黒板シート（シール式） …ふたの表面をおおえるサイズ
- レースリボン、ファー…適量
- B5サイズのクリアファイル…1枚
- 造花…好きなだけ
- マスキングテープ …クリアファイルをはれる量

どうぐ

- 接着剤
- はさみ
- チョーク

レッスン④ あこがれのお部屋に

作り方

① 紙箱にフェルトをはる

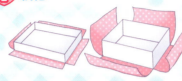

紙箱とふたをそれぞれおおうように、接着剤でフェルトをはる（ふたがしまりにくくなるのでフェルトはうすでのものを使う）。

② ふたをデコる

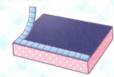

先にふたの表面に黒板シートをはり、まわりをタイルシールで囲むようにはる。

③ 箱をデコる

ファー
レースリボン

箱の周囲にレースリボンをぐるっと接着剤ではって、箱の中の底にはファーをはる。

④ レターケースをはる

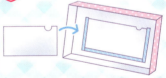

マスキングテープでクリアファイルをふたの裏側にはりつける。ファイルが大きい場合ははさみで切って、切り口はマステで保護する。

⑤ かざりつける

造花をふたのすみに接着剤ではり、黒板シートにはチョークで好きな文字を書いて完成。

赤ちゃんのときにはいてたくつと、ハワイのおみやげのブレスレットなどを入れたよ！

かわいくて使える ウォールポケット

ディスプレイしながら、細かなグッズの収納もかなえてくれるスグレモノ。
カベにかけられるから、部屋のスペースがなくてなやんでいる人にはおすすめだよ。

ざいりょう
クリアウォールポケット
（ポストカードが入るサイズのもの）…1つ
ポストカード…ポケットの数だけ
ジュエリーシール…適量　押しピン…適量

どうぐ
両面テープ

★アレンジ★

貝がらを接着剤ではったり、フェイクグリーンをポケットからたらしたりしても◎

作り方

① ポストカードの配置を決める

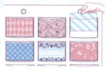

ポストカードをポケットの上に置いてみて、色のバランスを考えながら決める。

② ポストカードを入れる

ポストカードの裏に両面テープをはって、絵が見えるようにポケットの中にさしこみ、はる。

③ ポケットをデコる

空いている周囲のスペースなどに、ジュエリーシールをはってデコる。

④ 収納してカベにかける

収納したい小物をバランスよく入れる。ひとつのポケットにものをつめこまないのがコツ。カベに押しピンなどでとめて完成。

目かくしボックスカーテン

見せたくないものをかくせるだけじゃなく、好きなカラーや柄を使うことで、部屋のアクセントになるおしゃれ空間を作れるよ！

ざいりょう

- カラーボックスなどのたな…1つ
- つっぱりぼう（たなの横はばに合ったサイズ）…2本
- カーテンクリップ…8〜12個
- 布…たなの前面をおおえるサイズ

どうぐ

- はさみ
- 布用接着剤
- アイロン（やけどに注意！）
- チャコペン
- 定規

レッスン④　あこがれのお部屋に

作り方

① 布を切る

たなの大きさを測って、布の裏にチャコペンでかく。それより外側2〜3cmのところをはさみで切る。

② 布のはしをとめる

チャコペンでかいた部分で布を折り、アイロンで折り目をつける。折り返した部分に接着剤をつけてとめる。

③ カーテンをセットする

たなにつっぱりぼうを取りつけて、カーテンクリップではさんだ布をかけたら完成！

★アレンジ★

布をシフォンやレースなどの透ける素材にして、リボンを安全ピンや接着剤でとめればガーリームードに！

137

お部屋コーデの基本
カラーマジックって⁉

色の組み合わせ方しだいで、部屋の雰囲気はがらりと変わる！
色の効果を知れば、コーディネートがもっと楽しくなるよ♪

色の持つ効果

あなたはどの色が好き？

赤　情熱カラーで前向きに♪

赤は、エネルギーを外に向けて放つ効果があるよ。見ると
元気になるので、部屋のどこかに取り入れてパワーをもらおう。

ピンク　やさしい気持ちになれるよ

ピンクは、心がおだやかになり、人に対してやさしくなれる色。
ピンクに囲まれて生活すると、心も体も若々しくなると言われているよ。

オレンジ　明るく楽しい気持ちに！

オレンジは、健康的で親しみやすい色。部屋の雰囲気をぱっと明るくしてくれるよ。
オレンジを使った部屋なら、家族や友だちとの会話もはずむはず♪

黄色　落ちこんでいるときにぴったり

黄色は、脳に働きかけて、運動神経を活発にしてくれる色。
気分がしずんでいるときに見ると、スッキリと前向きな気持ちになれるよ。

緑　心をいやしてくれる！

緑にはいやし効果があり、つかれたときにはぴったりの色。くつろげる部屋に
するには、緑を取り入れるといいよ。リラックスできる部屋になるね。

青　集中力がアップ！

青は、気持ちを落ち着かせる効果があると言われているよ。
集中力アップにもつながるので、机まわりに青を取り入れると勉強もはかどるよ。

色の組み合わせで部屋をイメチェン♪

赤×オレンジ
元気いっぱいで
エネルギッシュな部屋に！

赤×ピンク
女の子らしい、ハッピーな部屋になるよ。

ピンク×青
カジュアルなコーデで、
楽しさいっぱいの部屋に。

オレンジ×緑
ビタミンカラーで健康的なイメージの部屋だよ。

黄色×緑
活発でさわやかな
イメージの部屋になるよ。

黄色×青
フレッシュで
明るい雰囲気の部屋に。

レッスン④ あこがれのお部屋に

色の明るさもポイントに!?
色の組み合わせだけじゃなくて、
明るさも印象を変えるポイントだよ。

ポップ
はっきりとした色を組み合わせると、
ポップでにぎやかな印象になるよ。

エレガント
少しくすんだ色を選ぶと、エレガントな
印象になるよ。青やピンクなどを
中心に組み合わせるとGOOD！

ロマンティック
パステルカラーを使うと、ロマンティックでかれんな部屋に。
ピンクや水色、黄色などを組み合わせるとユメカワ度UP♪

大人っぽい部屋にしたいから、
収納ボックスの色を
落ち着いた色に変えてみたよ

④ 気分はプリンセス♥ あこがれの天がいつきベッド

お姫さまのベッドに天井からかかっているような、ロマンチックなレースの天がいがあれば、プリンセス気分が一気にUPするね！

※天がいをどうやって天井に取りつけるかは、おうちの人に相談してね（つるすためには、ネジやフックを天井に取りつける必要があるよ）。

ステキな夢が見られそう～！

ざいりょう

- 丸型のピンチハンガー…1つ
- シフォンレース…1m×2〜3m
- シフォンレース（かざり用）…1m×30〜40㎝
- コサージュ…10〜12個くらい
- リボン…1m×2本
- 安全ピン…コサージュの数＋2個
- ネジ式のフック…1個
- 洗濯バサミ…5個くらい

作り方

① シフォンレースをとめる

ピンチハンガーに、シフォンレースをはさむ。全部のピンチにはとめず、15〜20㎝くらいを残しておく。

レッスン④ あこがれのお部屋に

② ハンガー部分をかくす

かざり用のシフォンレースを、ハンガーの輪の内側に洗濯バサミでとめていく。ぐるっと囲んで、ハンガーが外から見えないようにする。

③ コサージュを上の部分につける

コサージュの裏に安全ピンを通して、かざりのシフォンレースをたくしあげてとめる。同じ間隔になるように6か所つける。

④ 全体にコサージュをつける

長く下にのびたシフォンレースの部分にも、バランスよくコサージュをつけていく。

⑤ 天井につるす

天井にネジ式のフックを取りつけて、ハンガーをフックにかける。寝たときに、自分の頭の真上にくるように取りつける。

⑥ リボンでまとめる

レースが左右に分かれたところを少しまとめて手に取って、ちょうちょ結びにしたリボン（安全ピンを通しておく）をかわいくかざって、完成。

★アレンジ★

コサージュのかわりに、毛糸で作ったポンポンをつけてもかわいくなるよ。

お店みたい！おしゃれな見せる収納

見せ方しだいでインテリアの一部になるものって、あるよね！
しまいこむばかりでなく、お店屋さんになった気分で、積極的にディスプレイ収納にトライしよう！

ディスプレイタワー

安いお皿とコップでも、アクセサリーショップみたいな見せ方がかなっちゃう！ とっておきのアクセを、スイーツをかざる気分で配置してね。

ざいりょう
紙皿（またはプラスチック皿）…大中小の3枚
ふちや底が平らな小さめの紙コップ
（またはプラカップ）…2個
リボンレース…適量
ラインストーンシール…適量

どうぐ
油性マーカー
接着剤（紙用かプラスチック用）

作り方

1 お皿とコップをデコる

お皿のふちには、リボンレースをはる。コップには油性マーカーでもようをかいたり、ラインストーンシールでキラキラにデコったりする。

2 お皿とコップをくっつける

下から大と中、中と小のお皿の間の真ん中に、コップを配置する。コップのふちに接着剤をぬり、お皿につけて、完成。接着剤がはみださないよう、つけすぎに注意する。

ガラスジャーのおかし入れ

おかしも袋のまま、ゴムでとめるんじゃ味気ないよね。ガラスジャーをデコっておかしを個別にして入れると、おしゃれなおかし売り場に変身するよ！

ざいりょう
ガラスジャー（ふたつき）
…高さ20cm程度のもの1個
マスキングテープ…適量
ジュエリーシール…適量
マグネット…3〜4個

どうぐ
油性マーカー
接着剤（金属用）

レッスン④ あこがれのお部屋に

作り方 ・ふたがフラットなタイプ・

① マスキングテープをはる

しわにならないように、ぐるっと1周ずつはる。

② ふたをデコる

かわいいマグネットを、ふたの上に接着剤ではったら完成！

集めているビーズやシュシュなどの小物入れにするのもいいね！

作り方 ・ふたにつまみのあるタイプ・

① ジャーに文字や絵をかく

油性マーカーはインクの量を調節しにくいから、紙に下書きをしてからかこう。

② 全体をデコる

つまみの先や、ジャーのあいているスペースにジュエリーシールをはって完成！

自分の部屋は自分でそうじしたい!!

ふだん、あなたの部屋をそうじしているのはだれかな？ あなた自身？ おうちの人？
自分でそうじができるようになったら、さらに女子力がアップするよ！

基本のそうじ道具

はたき

高いところのほこりを取るのに使うアイテムだよ。いろいろな場所に、さっと使えるのが便利！ 使うときはまどを開けて、ほこりを吸いこまないように注意してね。

そうじ機

スイッチひとつでごみを吸い取ってくれるから、そうじもラクラク！ 中にたまったごみは、こまめに捨てよう。

ほうき

部屋のすみ、家具の後ろ、カーペットなど、細かな場所のほこりをかき出せるアイテム。柄の長いものと、片手で使えるコンパクトなサイズのものがあると便利だよ。

ペーパーモップ

柄の先に紙製のモップがついたもので、ゆかの上ですべらせると、ごみをからめ取ってくれるよ。ベッドの下や、フローリングのそうじにぴったりなアイテム。

ぞうきん

ふきそうじに欠かせないアイテム。
使い古したタオルなどを再利用するといいよ。

ゆか別☆そうじのしかた

フローリング

フローリングのそうじは、からぶきが基本。ペーパーモップやぞうきんを使うよ。ひどいよごれがあるときは、ぞうきんを水にぬらし、固くしぼってからふき取ろう。そのあともう一度かわいたぞうきんでふくのをわすれないでね。

木目にそってふこう！

たたみの目にそって動かすよ

たたみ

たたみの上は、そうじ機を使うよ。たたみの目にそって、前後にゆっくりと動かしてね。簡単にすませたいときは、ペーパーモップやかわいたぞうきんでさっとふいてもOK！

カーペット

カーペットのそうじには、そうじ機が効果的。カーペットの毛並みを逆立ててそうじ機をかけると、毛の奥のごみまで取れるよ。髪の毛などの細かなごみは、粘着ローラーで取りのぞこう。

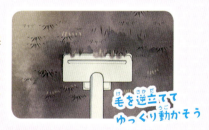
毛を逆立ててゆっくり動かそう

レッスン④ あこがれのお部屋に

覚えておきたい☆そうじのコツ

その1 「ちょこっとそうじ」を習慣に
ゆかに粘着ローラーをかけて髪の毛やほこりを取る、使ったあとに机をぞうきんでふくなど、毎日ちょこっとそうじをすれば、よごれやほこりがたまりにくくなるよ。

その2 高いところから順番に取り組もう
ほこりを取るときは、高いところ→低いところの順番で。はたきなどでほこりをすべて下に落としたら、一気にそうじ機で吸っちゃおう。

家族みんながうれしい♥
共有部分のそうじにトライ!!

自分の部屋のそうじができるようになったら、
家族といっしょ使っている共有部分のそうじにもチャレンジしてみよう！

やってみよう！ 洗面所のそうじ

鏡
熱いお湯でぞうきんをぬらしてしぼり、鏡全体をしっかりふこう。
水ぶきしたあとは、かわいたぞうきんでふくと、ふいたあとが残らないよ。

洗面ボウル
石けんのあわ、歯みがき粉などがシミになる前に、ふだんからこまめにふき取ろう。
ひどいよごれがついてしまったときは、専用の洗剤を使ってスポンジでこすって洗うといいよ。

排水口・蛇口
全体をスポンジでこすり、よごれを落とそう。排水口の内側や蛇口の細かい部分は、古い歯ブラシを使ってみがけばピカピカに！

ポイント！
洗面所は水あかがつきやすいので、使ったあとやそうじしたあとは、水分が残らないようにふき取っておこう。ミニタオルを近くに置いておくと、さっとふけて便利！

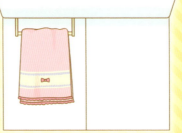

やってみよう！　トイレのそうじ

便座・便座の裏
ぞうきんか、トイレ専用のおそうじシートを使ってふこう。よごれの少ない便座から先にふくといいよ。

便器の内側
トイレ用洗剤をかけて、10分ほど置こう。そのあと、専用のブラシでみがくよ。みがき終わったら、水を流してよごれを落とそう。

やってみよう！　お・ふ・ろのそうじ

浴そう
スポンジに浴室用洗剤をつけ、しっかりあわだててからこするよ。よごれがたまりやすいすみの部分や排水口は、とくにしっかり洗おう。

浴室のゆか
浴室用洗剤をゆかに直接かけて、ブラシでこすろう。洗い流したあとは、かわいたぞうきんでふくと、キレイが長持ちするよ。

レッスン④　あこがれのお部屋に

おそうじすると気分もスッキリ★

そうじができたら□に✓を入れよう。めざせそうじ名人✦

● 自分の部屋、またはリビングルーム

- [ ] そうじ機がけをした
- [ ] ふきそうじをした
- [ ] はきそうじをした

\ 他にもあるかな？ /

- [ ] ....
- [ ] ....
- [ ] ....
- [ ] ....
- [ ] ....
- [ ] ....

● 共有部分

- [ ] トイレそうじをした
- [ ] ろうかのそうじをした
- [ ] おふろそうじをした
- [ ] 玄関のそうじをした
- [ ] 洗面所のそうじをした
- [ ] まどをふいた

- [ ] ....
- [ ] ....
- [ ] ....
- [ ] ....
- [ ] ....
- [ ] ....
- [ ] ....
- [ ] ....

あこがれのお部屋に近づく おかたづけレッスン

おさらい！

ここで紹介していることができているか、■に✓を入れて確かめてみよう。

- [ ] 色やインテリアを上手に選んで、イメージ通りのお部屋コーデができているかな？

- [ ] 自分の部屋や共有部分のそうじにチャレンジしてみたかな？

- [ ] 小物やアクセサリーの収納を工夫できているかな？

- [ ] 収納小物のリメイクやハンドメイドなどで、オリジナルのお部屋コーデにチャレンジしてみたかな？

おしゃれな収納で女子力アップ!!

工夫しだいで個性あふれるステキなお部屋になるよ！

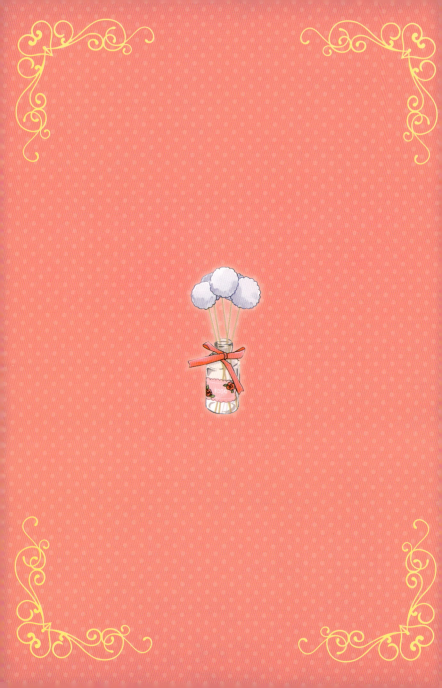

こたえ

25ページ

46〜47ページ

49ページ

61ページ

81ページ

82〜83ページ

101ページ

116~117ページ

119ページ

133ページ

148~149ページ

💛 監修　魚林　佐起子
子ども片づけ教育研究家、株式会社整理収納教育士代表。株式会社シンプルすまいらいふ代表、一般社団法人モノコミュ研究所理事。整理収納・インテリア・リフォームを中心に「あなたに合った暮らし方」を企画提案し、現場対応の累計は 3500 以上にも及ぶ（2018 年 6 月現在）。一般家庭、企業にとどまらず、幼稚園・保育園から高校まで多くの教育現場から講演を頼まれ、子どもたちが取り組みやすい上手な片づけ方の指導を行っている。毎日小学生新聞の現場記事掲載他多数。

- 💛 装丁イラスト ………（表）立樹まや、（裏）うさぎ恵美
- 💛 漫画・キャラクター …… うさぎ恵美
- 💛 本文イラスト ………… 愛野おさる、池田春香、うさぎ恵美、苑乃るぅ、小咲さと、白沢まりも、空豆とむ、ちぃご、ちゆ、ナカムラアヤナ、poco、祐歌
- 💛 カバーデザイン ……… 株式会社 ダイアートプランニング（髙島光子）
- 💛 本文デザイン・DTP …… 有限会社 Zapp!
- 💛 執筆・編集協力 ……… 菊池麻祐、田中真理
- 💛 編集協力 …………… 株式会社 童夢

ピカピカガールをめざせ💛
女子力アップおかたづけレッスン帳

2018 年 9 月 18 日　第 1 版第 1 刷発行
2020 年 1 月 9 日　第 1 版第 3 刷発行
監修者　魚林　佐起子
発行者　後藤淳一
発行所　株式会社 PHP 研究所
　　　　東京本部　〒 135-8137　江東区豊洲 5-6-52
　　　　　　　　　児童書出版部　TEL 03-3520-9635（編集）
　　　　　　　　　普及部　　　　TEL 03-3520-9630（販売）
　　　　京都本部　〒 601-8411　京都市南区西九条北ノ内町 11
　　　　PHP INTERFACE　https://www.php.co.jp/
印刷所
製本所　図書印刷株式会社

©PHP Institute, inc. 2018 Printed in Japan　　ISBN978-4-569-78801-2
※本書の無断複製（コピー・スキャン・デジタル化等）は著作権法で認められた場合を除き、禁じられています。
　また、本書を代行業者等に依頼してスキャンやデジタル化することは、いかなる場合でも認められておりません。
※落丁・乱丁本の場合は弊社制作管理部（TEL 03-3520-9626）へご連絡下さい。
　送料弊社負担にてお取り替えいたします。